Лисичка и волк

Русские сказки

*Иллюстрации
Анастасии Басюбиной*

Москва
2016

ЛИСИ́ЧКА И ВОЛК

Жи́ли-бы́ли дед и ба́ба. Одна́жды собра́лся дед на ре́ку лови́ть ры́бу. Налови́л и везёт домо́й це́лый воз. Уви́дела э́то лиса́. Захоте́лось ей ры́бки.

Реши́ла она́ де́да перехитри́ть. Забежа́ла вперёд, легла́ на доро́гу — прики́нулась мёртвой.

Вот е́дет дед и ви́дит: посреди́ доро́ги лежи́т лиси́чка.

Дед слез с воза и подошёл к ней. А лиса-то не шевелится!

— Вот будет бабке хороший воротник! — думает дед. Положил лису на воз, сам пошёл впереди лошади.

А лиса давай потихоньку выбрасывать из воза по рыбке. Всю выбросила да и убежала.

Приехал дед. Вошёл в избу и говорит бабе:

— Какой воротник я тебе на шубу привёз! Там, на возу!

Подошла баба к возу: ни воротника, ни рыбы! Стала она ругать деда. Только тут дед и смекнул, что лисичка-то была живая. Погоревал дед, да ничего не поделаешь.

А лисичка собрала всю разбросанную рыбу в кучку. Уселась на дороге и кушает себе.

Бежал мимо серый волк:

— Дай мне рыбки, кума! Сам-то я ловить рыбу не умею.

— А я тебя научу. Ступай на реку. Опусти хвост в прорубь. Сиди да приговаривай: «Ловись, рыбка, большая и маленькая!» Рыбка на хвост и нацепится.

Волк пошёл на реку. Опустил хвост в воду и приговаривает:

— Ловись, ловись, рыбка, большая и маленькая!

Тем временем стемнело. Высыпали звёзды. Наступила ночь.

А лиса тихонечко подкралась к волку и шепчет:

— Мёрзни, волчий хвост! Мёрзни, мёрзни, волчий хвост!

Волк услыхал и спрашивает лисичку:

— Что ты, лиса, говоришь?
— Это я тебе помогаю!

Це́лую ночь просиде́л волк у про́руби. Хвост ко льду и примёрз. Попро́бовал волк приподня́ться. Да не тут-то бы́ло!

Пришли́ у́тром ба́бы за водо́й. Уви́дели во́лка и дава́й его́ бить чем попа́ло. Волк пры́гал-пры́гал, оторва́л себе́ хвост и пусти́лся бежа́ть без огля́дки.

А лиса-проказница побежала в деревню. Забралась она в избу, решила полакомиться. Да не разглядела и попала головой в кадку с тестом. Перемазала себе тестом всю голову.

Бежит она по дороге. А навстречу ей бредёт побитый волк. Лиса испугалась, что волк отомстит ей за проказы, и притворилась несчастной:

— Меня сильней твоего побили! Все мозги повылезли!

— Садись на меня, бедняжка! Я тебя домой отвезу, — пожалел её волк.

Лиса села волку на спину. Устроилась поудобнее и шепчет:

— Битый небитого везёт!

ВОЛШЕБНАЯ ДУДОЧКА

В одной деревне жила-была девочка Маша со своим отцом. Мать её умерла. Женился отец во второй раз. У жены его новой была своя дочка Глаша. Стали они вчетвером жить.

Невзлюбила мачеха Машу. Работать заставляла от зари до зари, ругала да била.

Как-то раз отец открыл старый сундук, а там много всякого богатства. Отец и говорит:

— Вот и приданое дочкам нашим! Разделим между ними.

Не понравилось это мачехе. Решила всё забрать для Глаши.

Однажды в летний день собрались деревенские девушки по ягоды. И сестрицы стали собираться. Тут отец и говорит:

— Кто больше ягод соберёт, тому приданого больше будет!

Разбрелись девушки по лесу. Ягоды собирают, перекликаются.

На закате собрались все на поляне.

Как глянула Глаша сестре в корзину, так и ахнула. Корзина полная! Ягоды спелые, крупные. А у неё — всего ничего. Задумалась Глаша. Как бы ягоды сестры себе забрать?

По пути к дому наткнулись девушки на топкое болото.

Стали болото переходить. Глаша возьми да и толкни Машу прямо в болото. Схватила её корзинку и хотела бежать.

— Я тону! Помоги мне, сестрица! — взмолилась Маша.

— Не дождёшься! Теперь мне всё приданое достанется! А ты пропади пропадом! — закричала в ответ злая Глаша.

Ягоды сестры в свою корзинку быстренько пересыпала и пошла домой.

— Ах, каких ягод насобирала! — встретила Глашу мать.

— А где Маша? — спросил отец с тревогой.

— Не встретились мы на поляне! — ответила злодейка.

Разволновался отец. Пошёл в лес дочку искать, да не нашёл. Так и пропала девица.

Шёл в тех местах странник. Пробирался через болото да вдруг увидел под ногами деревянную свирель. Поднял её, дунул. А свирель сама запела:

С сестрой по ягоды ходила!
Она меня в болоте утопила!

Пришёл странник в деревню. Да в дом, где Маша когда-то жила, на постой попросился. А за ужином и говорит:

— Шёл я тут через болото. Вот какую забавную свирель нашёл. Сама песни поёт. Попробуй-ка, Глаша, поиграй!

Не успела Глаша свирель взять, как запричитала свирель:

С тобой по ягоды ходила!
Ты меня в болоте утопила!

Побежал отец к болоту. Стал дочку искать и нашёл. Открыла Маша глаза и говорит:

— Долго спала я. Сны видела. Прогони ты мачеху и Глашу! Хотят они моей погибели!

Обрадовался отец, что Машенька жива. А злую Глашу с её матерью из дому выгнал.

Стали они вдвоём с Машей жить-поживать, добра наживать.

ЧУДЕСНЫЙ ГОРШОЧЕК

В маленькой деревушке жила девочка. Однажды пошла она в лес по ягоды и набрала целую корзинку сладкой земляники.

Вдруг откуда ни возьмись появилась старушка:

— Милая девочка! Угости меня, пожалуйста, ягодами!

— Ешьте на здоровье! — ответила девочка.

Поела старушка ягод, улыбнулась и сказала:

— Спасибо, добрая девочка!

А потом добавила:

— Сделаю и я тебе приятное. Вот тебе глиняный горшочек! Он не простой, а волшебный. Постучи по нему и скажи: «Горшочек, вари!» И он начнёт варить вкусную кашу. Когда наешься, скажи ему: «Горшочек, не вари!»

Поблагодарила девочка старушку и пошла к себе домой.

Мать очень обрадовалась такому подарку. Ей теперь не нужно было стоять у печи и готовить еду. Стоило только пожелать — и вкусная каша на обед была тут же готова!

Однажды девочка убежала играть с подругами. Мать поставила перед собой горшочек, постучала по нему и сказала:
— Горшочек, вари!
Горшочек тут же сварил вкуснейшую кашу. Мать наелась досыта. Но она забыла, как остановить горшочек. И он продолжил варить. И вот уже вся комната полна каши. И на крыльце, и на улице... Ох!
Мать перепугалась и решила бежать за дочкой. Но не могла перебраться через порог. Горячая каша не пускала её.

Девочка с подругами играла совсем рядом. Увидела она, какая беда приключилась, — и бегом домой! Забралась на крылечко, отворила дверь и громко закричала:
— Горшочек, не вари!

Горшо́чек тут же вы́полнил прика́з свое́й ма́ленькой хозя́йки. Одна́ко он успе́л уже́ навари́ть мно́го ка́ши. Тепе́рь жи́телю дере́вни, кото́рый шёл в го́сти к сосе́ду, приходи́лось проеда́ть себе́ доро́гу.

Но никто́ не жа́ловался. Ведь ка́ша была́ о́чень вку́сной и сла́дкой!

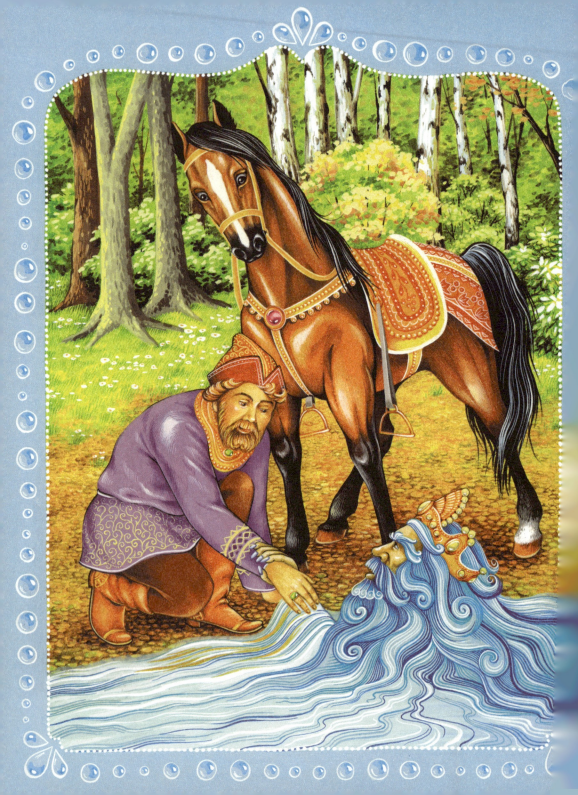

МОРСКО́Й ЦАРЬ

Возвраща́лся как-то царь из путеше́ствия домо́й. Реши́л он останови́ться у о́зера — воды́ напи́ться. Припа́л к воде́. Тут его́ и схвати́л Царь Морско́й:

— Заче́м пьёшь мою́ во́ду?

— Прости́ меня́! Проси́, что хо́чешь, то́лько отпусти́ домо́й!

— Отда́й мне то, чего́ в своём до́ме не зна́ешь!

Царь и согласи́лся. Верну́лся в своё ца́рство. Встреча́ет его́ жена́ с ма́леньким Ива́ном на рука́х. Пока́ царь путеше́ствовал, роди́лся у цари́цы сыно́к.

Тут то́лько царь и догада́лся, что придётся ему́ отдава́ть.

Прошли́ го́ды. Подошло́ вре́мя вести́ Ива́на к Морско́му Царю́. Привёл оте́ц сы́на к о́зеру да и оста́вил одного́. Спря́тался Ива́н-царе́вич и стал ждать.

Наконе́ц услы́шал шум кры́льев. Э́то прилете́ли ра́йские пти́цы — до́чери Морско́го Царя́. Оберну́лись они́ де́вушками и пошли́ пле́скаться в воде́.

А Ива́н-царе́вич взял одно́ опере́ние и спря́тался. Де́вушки из воды́ вы́шли да пти́цами домо́й полете́ли. А одна́ — Васили́са Прему́драя — своего́ опере́ния не нашла́ и взмоли́лась:

— Отда́й моё опере́ние! Ста́нешь мне ми́лым дру́гом!

Тут Иван-царевич и вышел. Отдал девице оперение. А она ему заветное колечко подарила, обернулась птицей и улетела.

Пришёл Иван к Морскому Царю. А тот приказывает ему:

— Чтобы к завтрашнему дню на моём поле была рожь посеяна! Да за день выросла! Не сделаешь — казню!

Идёт Иван-царевич, плачет. Увидала его в окно Василиса Премудрая и говорит участливо:

— Всё знаю, всё сделаю! Не горюй, а ложись спать!

Вышла на крыльцо, крикнула:

— Слуги мои! Засейте поле к утру рожью да вырастите её!

Проснулся царевич. Глянул — растёт на поле рожь высокая.

А Морской Царь уже новую работу задаёт:

— Обмолоти мне к утру эту рожь. Но снопов не разбивай! Не сделаешь — погибнешь!

Опять идёт царевич, плачет. А Василиса из окошка выглянула и говорит ласково:

— Ложись спать! Всё знаю, всё сделаю!

Вышла она на крылечко и закричала громким голосом:

— Эй, муравьи! Выберите зерно из батюшкиных снопов!

Проснулся Иван-царевич. Глядит в окно: вся работа сделана.

Утром позвал Ивана Морской Царь и говорит:

— Спасибо тебе, Иван-царевич! Будешь моим наследником. Бери в жёны любимую дочь — Василису Премудрую!

Тут же их и обвенчали.

Долго ли, коротко ли, но заскучал Иван по родному дому, по отцу-матери. И начал уговаривать молодую жену убежать от Морского Царя.

— Боязно! — говорит Василиса. — Разозлится отец. Поймает и убьёт нас. Но надо всё-таки попробовать!

Оседлали они коней и помчались быстрее ветра.

А Морской Царь ждал молодых к завтраку, да не дождался. Понял, что убежали они от него. Разъярился Морской Царь и послал за молодыми погоню.

А Василиса Премудрая с Иваном-царевичем скачут без остановки, без роздыху.

— Иван-царевич, припади к земле да послушай! Нет ли погони от Морского Царя?

Иван-царевич соскочил с коня, припал ухом к сырой земле:

— Слышу я конский топот!

— Это за нами едут! — сказала Василиса.

Тотчас обратила она коней в зелёный луг. Ивана сделала старым пастухом, а сама стала белой овечкой.

Наезжает погоня:

— Эй, старик! Не проскакали ли здесь молодец с девицей?

— Нет, не видал никого! — отвечает Иван-царевич.

Воротилась погоня назад:

— Никого не нашли! Видели только, как пастух овечку пасёт.

— Так это они были! — закричал Морской Царь. Сел на коня и погнался за молодыми.

А Иван-царевич с Василисой Премудрой скачут на борзых конях. Василиса прислушалась:

— Это Морской Царь скачет!

Превратила она коней в озеро, Ивана-царевича — в селезня. А сама сделалась уткою.

Прискакал Морской Царь к озеру и тотчас догадался, кто такие утка да селезень.

Уда́рился он о зе́млю и оберну́лся орло́м. Хо́чет орёл уби́ть у́тку с се́лезнем.

Да не тут-то бы́ло! Разлети́тся све́рху и ка́мнем вниз... Вот-вот уда́рит се́лезня. А се́лезень в во́ду нырнёт. Вот-вот уда́рит у́тку. А у́тка в во́ду нырнёт.

Би́лся, би́лся, так ничего́ и не смог с ни́ми поде́лать. Пришло́сь верну́ться Морско́му Царю́ в своё подво́дное ца́рство-госуда́рство ни с чем.

А Васили́са Прему́драя с Ива́ном-царе́вичем пое́хали да́льше.

Прие́хали они́ в своё тридеся́тое ца́рство. Обра́довались царь с цари́цей возвраще́нию сы́на. Да ещё с жено́й-краса́вицей! Устро́или пир на весь мир.

И ста́ли они́ все вме́сте жить-пожива́ть да добра́ нажива́ть.

Прошло́ вре́мя. Соста́рился царь-оте́ц. Реши́л он уйти́ на поко́й. А вме́сто себя́ посади́л на трон своего́ ми́лого сы́на.

И стал Иван-царевич со своею женой Василисой Премудрой править тридесятым царством. Правили они справедливо да по совести. Да и сами жили в любви и согласии!

СОДЕРЖАНИЕ

Лиси́чка и волк 2
Волше́бная ду́дочка 13
Чуде́сный горшо́чек 23
Морско́й царь 33

Л 63 Лисичка и волк : русские сказки ; ил. Анастасии Басюбиной. — Москва : Эксмо, 2016. — 48 с. — (Люблю читать!).

УДК 398.21(=161.1)-053.2
ББК 82.3(2Рос=Рус)-6

© Разработка, макет, верстка. ИП Мадий В. А., 2015
© Оформление. ООО «Издательство «Эксмо», 2016

ISBN 978-5-699-76427-3

Литературно-художественное издание (әдеби-көркемдік баспа)
Для старшего дошкольного возраста (мектепке дейінгі ересек балаларға арналған)

ЛЮБЛЮ ЧИТАТЬ!

ЛИСИЧКА И ВОЛК
(орыс тілінде)

Составление и вольный пересказ *Ирины Котовской*
Художник *Анастасия Басюбина*

Ответственный редактор *В. Карлова*. Художественное оформление серии *И. Сауков*
Корректор *Н. Гайдукова*

ООО «Издательство «Эксмо».
123308, Москва, ул. Зорге, д. 1. Тел. 8 (495) 411-68-86.
Home page: www.eksmo.ru   E-mail: info@eksmo.ru
Өндіруші: «ЭКСМО» АҚБ Баспасы, 123308, Мәскеу, Ресей, Зорге көшесі, 1 үй.
Тел. 8 (495) 411-68-86.
Home page: www.eksmo.ru   E-mail: info@eksmo.ru
Тауар белгісі: «Эксмо»
Қазақстан Республикасында дистрибьютор және өнім бойынша
арыз-талаптарды қабылдаушының
өкілі «РДЦ-Алматы» ЖШС, Алматы қ., Домбровский көш., 3«а», литер Б, офис 1.
Тел.: 8(727) 2 51 59 89,90,91,92, факс: 8 (727) 251 58 12 вн. 107; E-mail: RDC-Almaty@eksmo.kz
Өнімнің жарамдылық мерзімі шектелмеген.
Сертификация туралы ақпарат сайтта: www.eksmo.ru/certification

Сведения о подтверждении соответствия издания согласно законодательству РФ о техническом регулировании
можно получить по адресу: http://eksmo.ru/certification/. Өндірген мемлекет: Ресей. Сертификация қарастырылған

Подписано в печать 08.02.2016. Формат 70x90¹/₁₆. Печать офсетная. Усл. печ. л. 3,5. Доп. тираж 5000 экз. Заказ 1165.
Отпечатано в АО «Первая Образцовая типография»,
филиал «УЛЬЯНОВСКИЙ ДОМ ПЕЧАТИ». 432980, г. Ульяновск, ул. Гончарова, 14